COMTE CH. DE MONTBLANC

LE JAPON

PARIS

IMPRIMERIE DE J. CLAYE

7 RUE SAINT-BENOIT 7

1865

LE JAPON

(C.)

COMTE CH. DE MONTBLANC

LE JAPON

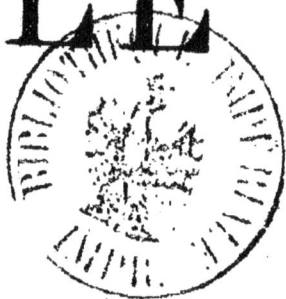

PARIS

IMPRIMERIE DE J. CLAYE

7 RUE SAINT-BENOIT 7

1865

LE JAPON

I.

CONSIDÉRATIONS GÉNÉRALES.

Le Japon prend peu de place dans les préoccupations politiques de l'Europe, et cependant les événements qui se passent dans ce pays présentent, à tous les points de vue, un intérêt considérable, soit qu'on envisage la question en elle-même, soit qu'on l'examine dans ses rapports avec l'Occident.

C'est la présence des étrangers qui fit naître ces crises qui bouleversent aujourd'hui l'empire du Soleil Naissant, et par eux l'élément de

la civilisation occidentale est venue se choquer
contre l'autorité du passé et de la tradition.
Pour chacun de ces deux principes s'armèrent
des partisans dont les intérêts étaient depuis
longtemps séparés. Au nom du respect de la
tradition, la noblesse féodale vint se grouper
autour du mikado, souverain incontesté du
pays. Au nom de la pression des circonstances,
le taïkoune présente, dès le commencement de
la lutte, des observations à son souverain, en
lui refusant son puissant concours contre les
étrangers, non parce qu'il les aime et désire
servir leurs intérêts, mais parce qu'il est obligé
de reconnaître leur puissance, et de tenir
compte des canons qui garnissent leurs vais-
seaux.

Tel est encore aujourd'hui l'aspect japonais
des deux camps. En réalité, la position réci-
proque est bien plus tranchée : le mikado et la
vieille noblesse ont tout à perdre en laissant
s'effacer le respect du passé, tandis que le taïkoune, en centralisant tout pouvoir civil et militaire en son propre nom, a tout à gagner.

Ce qui, à nos yeux, donne un intérêt immense à la question, c'est qu'il ne s'agit pas ici d'un peuple confondu dans l'immobilité orientale, mais d'un peuple jeune, actif, intelligent et courageux, qui seul présente, dans ces lointaines contrées, des éléments d'avenir capables de hautes destinées.

Le progrès dont le peuple japonais est susceptible s'affirmera évidemment d'une façon plus ou moins nette, suivant la netteté de la politique intérieure et internationale qu'adoptera le taïkoune, mais il dépendra aussi de la position que prendront les puissances étrangères à l'égard du Japon et particulièrement à l'égard du pouvoir résidant à Yedo. Celles-ci ont traité avec le taïkoune, comme avec l'autorité suprême de l'archipel. Si elles acceptent les conséquences rigoureuses de ce point de départ, elles confondront en un seul tout, le pays entier avec le gouvernement reconnu par les traités, et regarderont comme trahison ou mauvaise foi, toute hésitation du taïkoune, dans l'accomplissement des engagements qu'il

a pris. C'est l'aspect moral qu'une politique
étroite voudrait donner à la question. C'est en
définitive compliquer la position en se privant
du seul appui intéressé, par conséquent réel,
sur lequel il est permis de compter. Si l'on envisage, au contraire l'aspect véritable du Japon,
avec ses pouvoirs divers, il ne sera pas permis
de confondre les actes et les intentions du
taïkoune avec les actes et intentions des autres
pouvoirs existant en dehors de lui; il ne sera
plus permis de rendre le taïkoune solidaire de
l'action de ces pouvoirs qui se manifestent aujourd'hui contre les étrangers et contre les intérêts personnels du taïkoune.

Hâtons-nous d'ajouter que la conduite te-
nue, d'accord avec le gouvernement de Yedo,
contre le prince de Nagato isolément, est l'indice d'une politique éclairée, qui devra se con-
tinuer sous toutes les formes pour amener
d'heureux et de prompts résultats. Le taïkoune
a pris dans ces événements une part person-
nelle, comme allié de l'étranger. A la suite de
plusieurs rencontres où ses troupes ont été

engagées, pendant que l'Europe agissait dans le détroit de Simo-no-Saki, les provinces de Nagato-no-Kami ont été définitivement annexées au domaine impérial.

Cette action du taïkoune contre un parti hostile aux étrangers montre, sans ambiguïté, la direction par lui prise, en conformité de ses intérêts. A côté de cela des contradictions évidentes semblent appeler la méfiance : ainsi le ministère du taïkoune fit arrêter la dernière ambassade japonaise à son arrivée à Yedo. Cette hostilité contre les membres de l'ambassade avait pour double raison la non-réussite en Europe de la mission d'exclusion dont ils avaient été chargés et le droit qu'ils s'étaient arrogé de traiter avec le gouvernement français, en promettant l'appui du taïkoune contre le prince de Nagato. Ce double grief pouvait être considéré comme un crime, car sans respect pour la constitution du pays et l'initiative de l'assemblée féodale, ils avaient, non-seulement manqué à la mission confiée, mais encore avaient réalisé un acte en opposition directe avec cette mission.

Ils étaient du reste sans excuse, car ils avouaient leurs sympathies pour un plan de politique qui réunissait dans un même faisceau la civilisation de leur pays et l'alliance intime avec l'étranger.

La cour de Yedo, en adoptant ces considérations, présente une contradiction réelle dans le fait, mais apparente seulement, par rapport au ꞈaïkoune. L'explication de cette nouvelle confusion est simple : c'est que le taïkoune, comme mandataire du mikado, n'a pas un gouvernement composé de ses seules créatures, mais aussi des agents du pouvoir central que la constitution politique introduit dans ses conseils. Il en résulte que le mauvais accueil, fait à l'ambassade japonaise, n'est nullement une condamnation de l'alliance occidentale par le taïkoune, mais simplement une preuve que le mikado et sa politique ont de puissants adhérents qui, chaque jour, devront s'affaiblir devant une union franche des puissances étrangères avec le taïkoune du Japon.

II.

ASPECT DE LA QUESTION OCCIDENTALE AU JAPON DE 1854 A 1865.

L'expression des différents intérêts qui sont aujourd'hui en lutte se traduit d'une manière fort claire dans l'examen des événements qui forment au Japon l'histoire des nouvelles relations étrangères. En effet, dans cette courte histoire, on assiste à un réveil graduel de passions rivales qui d'abord hésitent en face des circonstances nouvelles amenées par l'étranger, puis se reconnaissent et veulent enfin, au détriment les unes des autres, se servir de ces circonstances.

Deux cents années s'étaient passées dans un isolement presque absolu. Il ne restait d'autre souvenir des Européens que la complication apportée, dans une époque lointaine de troubles intérieurs, par leur présence, l'influence de leurs doctrines religieuses, et leur activité commerciale. Les étrangers représentaient donc, pour les pouvoirs établis, un péril commun, en dehors de tout parti. Ils n'avaient été l'ennemi d'aucun, mais pouvaient l'être de tous. Leur présence était en suspicion comme dissolvant des mœurs et habitudes japonaises. Aussi, dès l'origine, lorsque la question occidentale fut de nouveau posée au Japon, nous voyons les hésitations d'un gouvernement, qui, depuis 1638, se complaisait dans sa politique d'isolement.

L'attention ne fut pas vainement provoquée. La prudence et la curiosité plaidèrent en faveur de l'étranger. Cependant, au début de la question, un parti puissant s'éleva, pour combattre toute innovation et rappeler les Japonais au respect du passé. Ce parti était peu nombreux, mais il avait à sa tête le puissant gosanké Mitodono, dont les violences ne purent empêcher l'admission étrangère, qui eut lieu en 1854.

Cette admission éveilla des pensées tout à fait nouvelles. Les Japonais furent frappés du progrès de l'occident dans les sciences, l'industrie, l'organisation militaire, la puissance de la navigation à vapeur. En face de ce développement supérieur d'une civilisation scientifique, industrielle et commerciale, sous la sanction d'un gouvernement unique par nation, les Japonais, trop actifs et trop intelligents pour admirer simplement, voulurent savoir, voulurent posséder les mêmes forces, et, sans tarder, se mirent au travail.

Alors se manifesta dans tout l'empire japonais un mouvement inconnu. La curiosité scientifique, le travail industriel et la discipline des armées cherchèrent des guides nouveaux auprès de l'étranger. La Hollande profita de ses anciennes relations pour se rapprocher davantage. Un rapport intéressant du ministre des colonies des Pays-Bas, en date du 12 février 1855 et inséré dans les Annales du commerce extérieur, constate ce mouvement pacifique et le rôle qu'y prenait la Hollande. Elle se fit institutrice des officiers, fonctionnaires, mécaniciens et marins japonais, dans l'étude de la construction navale, des arts mécaniques, du maniement du fusil et du canon, du travail des forges et de différents autres travaux. Elle établit, pour les Japonais, des cours de sciences naturelles, de chimie, de mécanique. Dans toutes ces études les Japonais se faisaient remarquer par leur intelligence, leur facilité à comprendre, et leur ardente curiosité.

Ce cordial rapprochement ne dura guère qu'un an. Il se calma au milieu de nouvelles préoccupations et finit par se confondre dans les rapports plus réservés du Japon avec les étrangers en général. Ce fut alors que se manifesta une phase nouvelle dans laquelle s'affirmèrent des intérêts opposés, parmi les grands pouvoirs du Japon. La cour de Yedo comprit tout le parti qu'elle pouvait tirer du nouvel élément qui s'imposait à elle. S'en rendre maîtresse, c'était posséder une source de puissance pour elle et d'affaiblissement graduel pour ses rivaux en féodalité. Traitée en souveraine par les étrangers, elle en conservait le rôle à leurs yeux, et répondait en souveraine aux Japonais eux-mêmes dans leurs rapports avec les hommes de l'occident. Les ports ouverts, faisant partie du domaine de la couronne, semblaient poser la question étrangère comme un monopole impérial. Par contre, les seigneurs, ayant des intérêts opposés à ceux du taïkoune, sentirent le danger qui résultait pour eux de l'entente cordiale des occidentaux avec la cour taïkounale. Ils comprirent les espérances de Yedo, et formèrent autour du mikado un parti qui chaque jour s'affirma plus nettement dans sa politique de résistance contre le taïkoune aussi bien que contre les étrangers.

Le Japon fut ainsi divisé en deux camps nettement caractérisés : d'un côté, le taïkoune l'esprit d'innovation, et les sympathies populaires acquises à l'Europe; de l'autre, la vieille constitution et la féodalité rangée pour la défendre autour du souverain le mikado.

Le camp de la féodalité n'avait pas, au commencement, adopté un plan d'hostilité ouverte, car recherchant dans un sens favorable à ses intérêts, les conséquences possibles, de la présence désormais inévitable des étrangers, il espérait voir l'Europe se poser comme une puissance en contradiction avec le pouvoir du taïkoune. Tous ses efforts tendirent dès lors à rompre l'entente taïkounale, et se caractérisèrent surtout par l'emploi de deux moyens opposés : le premier consistait à semer de la défiance entre l'Europe et la cour de Yedo. Cette méfiance pouvait amener la guerre de l'étranger contre le taïkoune; celui-ci rentrerait ainsi forcément dans leur parti, et se verrait obligé de se soumettre à leurs conditions. Ensemble ils espéraient alors refouler les étrangers. C'est en vue d'inspirer cette méfiance de l'occident contre le taïkoune que le parti du passé entrave d'obstacles la réalisation complète des traités conclus, et qu'il ne cesse d'exciter contre les étrangers des hommes d'armes déclassés, connus sous le nom de lonines. De là des insultes,

des assassinats et tout un cortége d'embarras,
de méfiances et d'hostilités, pour la cour de
Yedo, seul pouvoir reconnu par la colonie
étrangère. Dans l'emploi de ce premier moyen
se retrouve ainsi l'explication de plusieurs
meurtres, qui ont en effet failli en 1859, 60 et
61, produire les résultats qu'en attendaient
leurs instigateurs.

Le parti du passé cherche également à faire
suspecter à la cour de Kioto la politique du
taïkoune comme rebelle à son souverain, ambi-
tieuse et antinationale. Ce parti se pose comme
le défenseur quand même des droits du mikado,
comme le gardien de la tradition, et de la hiérarchie politique dont il voudrait remettre en
honneur le respect en relevant le vieux pouvoir du mikado. En agissant ainsi, il s'entoure
d'un semblant de légalité qui voile ses préoccupations personnelles et qui lui permet d'exercer
au nom du souverain une pression légitime,
dans le sens de ses idées, sur le gouvernement
de Yedo. L'emploi de ce second moyen explique
la situation embarrassée du taïkoune et les ap-

parentes contradictions qui déterminèrent la dernière ambassade japonaise avec la mission d'exclusion dont elle était chargée.

Cette ambassade était pour ainsi dire une transaction entre les désirs du taïkoune et la pression du mikado. Sa mission se résumait ainsi : la cour de Yedo a de plus en plus le désir de cultiver l'alliance étrangère, en resserrant les rapports d'amitié, qui déjà relie le Japon à plusieurs nations; mais des embarras de politique intérieure se compliqueraient encore pour son gouvernement, comme pour les étrangers si elle était obligée d'ouvrir actuellement, suivant la lettre des traités, les ports de Nigata, Yedo, Shiogo et Osaka. Le taïkoune doit compter avec le mikado résidant à Kioto et avec les princes, gosankés, gokshis et daïmios qui regardent la présence des étrangers comme une violation des lois du Japon, et qui rendent le gouvernement de Yedo responsable de cet outrage aux lois. La conclusion était une restriction des priviléges accordés aux étrangers.

Les ambassadeurs porteurs de cette mission

étaient des serviteurs du taïkoune, attachés à sa fortune. Cette position adoucissait forcément leur mission par les sympathies contraires qui se glissaient auprès d'eux, et qui finirent par les dominer complétement. Ils ne se dissimulaient pas l'intérêt qu'avait le taïkoune à ne pas pousser à bout l'irritation de la noblesse rangée autour de Mikado. Ils désiraient en conséquence, sans restreindre les priviléges des étrangers, ne pas les étendre pour le moment et conserver le *statu quo*. Par contre, les avantages particuliers du gouvernement d'Yedo dans l'alliance étrangère ne se dissimulaient pas à leurs yeux. Les ambassadeurs prévoyaient les résultats possibles d'avenir, et se trouvaient entièrement dominés par ces idées, lorsqu'ils quittèrent la France, après avoir directement apprécié les merveilles de l'industrie et les moyens formidables dont disposait l'armée, par sa discipline, la régularité de ses manœuvres et la puissance de ses armes. C'est alors qu'ils purent comprendre que l'assimilation de toutes ces forces par le taïkoune devait lui permettre de triompher un jour à l'intérieur, et d'être à la tête de la civilisation du Japon.

Tel est actuellement l'état de la question.

La politique de l'Europe n'est pas de compliquer cette position par son impatience à revendiquer la plus large et la plus minutieuse acception de la lettre des traités. Cette politique doit avoir pour guide indispensable la connaissance de l'état social et des divers intérêts qui s'agitent sur le sol japonais. Malheureusement ce que l'on en peut arracher à la jalouse surveillance du gouvernement indigène est fort limité.

Sans m'étendre sur ce sujet, je résumerai quelques notions acquises dans mes rapports avec les Japonais pendant mon séjour dans leur pays. Je ferai remarquer que dans le cours du récit, je choisirai, pour l'orthographe des noms et des dignités, celle qui reproduira la prononciation que j'entendais émettre : les bases des écritures japonaises rendent fantastique tout essai d'orthographe par traduction littérale.

III.

LE DAIRI OU MIKADO.

Le peuple japonais se divise en plusieurs classes, à la tête desquelles se trouve celle des kougués ou caste impériale d'origine divine. Elle forme la maison impériale rangée autour du souverain, le mikado ou daïri. Sous cette première autorité viennent les boukés, ou nobles guerriers présidés par le shiogoune ou taïkoune. Les prêtres des différentes sectes religieuses forment une classe dont l'action isolée n'emporte aucune influence réelle. Les savants et médecins, gagsha et ischa, se rattachent à la

2

classe dont leurs travaux prennent le caractère.
Puis viennent les agriculteurs, shiakshios, les
constructeurs et industriels, shiokounines, les
marchands, akinedos. Au-dessous d'eux se trouve
la classe impure des hittas qui versent le sang
des animaux et travaillent le cuir. Les mendiants, disent les Japonais, sont encore inférieurs
aux hittas, car ceux-ci, malgré leur impureté,
vivent de leur travail, tandis que les mendiants
vivent du travail des autres. Chacune de ces
classes est pour ainsi dire libre dans ses arran-
gements intérieurs, sans avoir pour limite un
cercle infranchissable; les mœurs sociales ad-
mettent surtout le mouvement ascensionnel.
Nous le verrons dans la suite.

Le mikado, nommé aussi daïri, est le souverain du Japon. Il réside à Kioto, qui par ce
fait est la capitale du pays. Miako signifiant palais et capitale, on désigne quelquefois la ville
de Kioto sous le nom de Kioto-Miako, ou simplement Miako. Cette dernière expression em-
ployée seule est ambiguë, car on dit aussi Yedo-

Miako. Le mikado est le descendant des dieux créateurs du Japon.

Ces dieux, issus d'un premier principe mystérieux, mais actif comme centre divin et primordial, ont dès le commencement des choses créé et organisé le monde terrestre. De ces dieux sont nées des divinités, qui chacune ont régné plusieurs centaines de mille ans sur la terre japonaise. Toute la famille ou classe des kougués descend de ces divinités, et le mikado ou daïri est le chef de la famille souveraine du Japon comme descendant des dieux souverains. Cette généalogie explique suffisamment sa position, et rend compte de cette malencontreuse épithète de souverain spirituel qui lui a été donnée en dehors de son pays. Cette épithète est d'autant plus impropre qu'on oppose le souverain prétendu spirituel à une autre personnalité décorée du titre de souverain temporel. On peut très-certainement nommer le taïkoune un souverain; il est même très-probable que l'avenir verra cette souveraineté se dégager de plus en plus; mais en réalité légale. le titre de souverain désigne aujourd'hui encore exclusivement le mikado, dont le caractère religieux s'explique par sa fabuleuse origine. De même que chez les peuples idolâtres, les dieux président à l'invention des arts, des sciences, de l'industrie, au développement moral et matériel de l'homme et de la société, au culte, à l'expression de la formule religieuse, de même le mikado préside au développement social sous l'influence de l'idée morale, religieuse, artistique et scientifique.

Le mikado appartient donc à l'idée religieuse, non comme ministre d'un culte, mais comme descendant des dieux et comme divinité lui-même. Il n'est pas le chef d'une religion spéciale, mais il domine toutes les religions qui existent ou peuvent exister au Japon, en se subordonnant à sa suprématie. C'est dans cette acception supérieure qu'il protége les divers clergés bouddhistes, quoiqu'il fasse pour ainsi dire partie de la révélation divine du sineto ou religion des kamis, car tout en présidant à l'idée religieuse en général, un lien spécial rattache sa personnalité au sineto, qui confond sa révélation religieuse avec l'expression des droits divins du souverain.

Le sineto se résume en un monothéisme obscur, d'où sortent les dieux dont la succession et les actes appartiennent à la genèse aussi bien qu'à l'histoire de famille du mikado. Le sineto enseigne encore que la divinité se manifeste dans les grandes personnalités de génie ou de vertu. De même que ces hommes dominent leur époque pendant leur vie, la religion leur attribue, après leur mort, une influence dans l'avenir des destinées de leur pays. De ces croyances remarquables il résulte pour les populations un caractère pratique qui ne se sépare pas d'un idéal constant, et qui ne s'y perd jamais.

Malgré le lien qui existe entre le sineto et la personnalité du mikado, celui-ci protége les autres cultes qui reconnaissent son autorité. Il trouve même dans ces cultes des positions pour ses enfants. Ainsi, parmi les fils du souverain, les uns reçoivent des emplois de cour, d'autres prennent place comme grands prêtres du sineto ou comme bonzes bouddhistes. Les grands prétres du sineto forment un collége supérieur sous le nom de Sineto-no-Kashira. Ils se marient, tandis que les prêtres de Boudha se vouent au célibat et portent au Japon le nom de bouppo, suivant la prononciation koïé, et otoké, suivant la prononciation konh. Les filles du mikado sont recherchées en mariage par les grands daïmios, le taïkoune, les prêtres supérieurs du sineto, ou bien encore occupent comme prêtresses des dignités religieuses. La descendance du daïri peut être considérable, car outre douze épouses légitimes, il peut avoir sept fois plus de femmes d'un rang inférieur.

Quoiqu'un grand nombre de sectes religieuses ou philosophiques règnent au Japon, le sineto et le bouddhisme réunissent la grande majorité des Japonais. Ces deux religions, loin de se combattre, exercent simultanément leur influence vis-à-vis des mêmes individus. Les prières, les intercessions, les fêtes religieuses rapprochent les populations des mias, ou yashiros, qui sont les temples du sineto, tandis que les cérémonies funèbres réclament les bonzes bouddhistes auprès des défunts et remplissent leurs temples qui se nomment téra. La coexistence des deux cultes est si complète, que le mikado lui-mê e est livré après sa mort aux prêtres de Bouddha.

A ce propos, il est curieux de remarquer que souvent un daïri se retire après avoir choisi son successeur. Il prend alors dans le culte sineto une position ecclésiastique sous un nouveau nom. Quelques-uns se sont même, dans ces circonstances, fait consacrer prêtres de Bouddha, ce qui se nomme devenir fo-ouo.

La divinité du mikado a nécessairement provoqué quelques mots sur la religion. La reconnaissance de cette divinité se complète à la mort du daïri par son apothéose que prononce son successeur. C'est à son caractère divin aussi bien qu'à sa dignité souveraine que se rattachent les honneurs, les hommages et le cérémonial minutieux dont il est entouré, et qui s'étendent même aux objets dont il se sert : ainsi la vaisselle en bois laqué dans laquelle il mange doit être brisée et brûlée, et ne doit lui servir qu'une seule fois; il en est de même de ses vêtements et de tout ce qui est à son usage.

Le mikado, comme souverain, a près de lui un conseil d'État et huit ministères qui transmettent ses ordres au shiogoune ou taïkoune, général de ses armées et gouverneur des provinces impériales. Ces ministères sont ceux de la maison impériale, de la direction centrale, de l'instruction publique et de la législation, de l'intérieur, de la police, de la guerre, de la justice et du trésor. C'est par son entourage immédiat que se révèle le mikado. Cet entourage apprend à la nation la mort et le nom d'un souverain, en même temps que l'avénement de son successeur. Tout mikado, à son avénement au trône, perd le nom qu'il portait jusqu'alors pour prendre la désignation anonyme « d'empereur régnant. » Son nom impérial n'est connu qu'à sa mort. C'est ordinairement une épithète caractéristique, ou le nom spécial dont il a décoré son palais. Les kougués rédigent alors les annales de son règne. Son successeur semble être choisi dans la famille souveraine, plutôt par suite de circonstances arbitraires que par suite d'une règle d'hérédité invariable : des femmes ont régné, des ascendants ont succédé à des princes plus jeunes, des cadets à leurs aînés. Le plus souvent c'est l'empereur régnant qui désigne son successeur. Le choix se fait du reste en famille, et comme la cour du mikado et son entourage font tous partie de la classe divine et souveraine, ce qui est fait est bien fait, et l'acte de la famille qui détermine son chef devient pour la nation un acte social qui détermine son souverain.

Peut-être est-ce à ce mode d'élection dans la famille et par la famille, sans autre reconnaissance légale, ainsi qu'à l'anonymat du souverain, qu'est due la persistance et la fixité de la dynastie régnante. Les annales des empereurs japonais donnent l'an 660 avant Jésus-Christ comme première date vraiment historique, et depuis ce temps il n'y a point eu de changement de dynastie. Des mikados ont été mis à mort, d'autres ont été déposés, mais jamais les shiogounes n'ont pu s'en débarrasser. Car, en effet, comment se débarrasser d'un daïri qui renaît constamment de ses

cendres, et dont il ne reste qu'à constater la re-
naissance, sans pouvoir lui opposer aucun veto
légal. Ceux-là mêmes qui l'ont reconnu forment
son gouvernement, et nul autre reconnaissance
n'est nécessaire à son élection. Contre ce fait de
droit divin, l'arme la plus redoutable que pourrait employer le taikoune serait de favoriser la
liberté des cultes qui feraient justice des prétentions divines des kougués. Si la cour de
Yedo était assez forte pour reconnaître aussi un
code politique, civil et administratif qui assurât
l'existence et les droits de la masse nationale,
sous sa souveraineté, elle aurait entre les mains
une seconde arme à opposer aux daïris; car elle
créerait ainsi un pouvoir national avec un droit
supérieur de sanction morale. Or ce droit n'existant actuellement nulle part au Japon en dehors
du mikado et des kougués, il s'ensuit qu'aujour-
d'hui rien n'est légal en dehors de leur assentiment libre ou forcé. Se reposer sur la contrainte
exercée, c'est se reposer sur un danger de tous
les instants.

Aux besoins du mikado et de sa cour doit

subvenir le taïkoune, comme gouverneur des provinces impériales. Il affecte spécialement à cet entretien les revenus de la ville de Kioto, et chaque année envoie de riches présents à son souverain. Celui-ci trouve encore une source de revenus dans ses dignités de cour dont il décore le taïkoune et les princes les plus puissants; ce qui donne lieu à des envois considérables de cadeaux de toutes sortes.

Ces dignités règlent, dans les cérémonies publiques, les préséances, et à ce titre le taïkoune, même chez lui à Yedo, est obligé de céder le pas à plusieurs personnages de la cour de Kioto. La plus puissante de ces dignités est celle de taïko. De tous les shiogounes un seul Hakshiba Tsikoutzène-no-Kami fut élevé au grade de taïko. C'est pourquoi aujourd'hui encore le désigne-t-on sous le nom de Taïko ou Taïko-Sama. Sous cette première dignité se trouve celle de kampakou ou premier ministre, inspecteur général. Puis sont rangés par hiérarchie les conseillers d'État, dont les trois plus élevés portent les titres de daïdjiodaïdjine, sadaïdjine, oudaïdjine.

Après ces trois dignitaires viennent les Nadaï-djines, daïnagons, tshounagons, et Shionagons et plusieurs autres en descendant graduellement.

Le taïkoune actuel Tokougaoua Minamotono Hé Moutshi, fils du gosanké de Kishiou, reçut, lors de son avénement au taïkounat, le titre de daïnagon, comme plusieurs grands seigneurs, entre autres les gosankés d'Owari. le gosankio de Taïasou. Plus tard. lorsque le taïkoune vint à Kioto pour rendre hommage à son souverain, celui-ci l'éleva à la dignité de Nadaïdjine. Ainsi le prince, auquel on donne le nom d'empereur temporel n'est que le sixième en dignité à la cour de Kioto. Il faut cependant ajouter que le taïkoune possède réellement la puissance qui, dans l'origine, faisait l'objet d'un mandat révocable, et que, sa position le rendant plus accessible à toute initiative de progrès, l'avenir lui appartient s'il sait se servir, pour le bien de son pays, des circonstances nouvelles créées par l'admission des étrangers au Japon.

IV.

LE SHIOGOUNE OU TAÏKOUNE.

Le shiogoune ou taïkoune, résidant à Yedo, est le général en chef des armées impériales, gouverneur des provinces de la couronne. Le premier titre, qui est le plus ancien, désigne surtout le commandant militaire. Les caractères idéographiques qui servent à le désigner par l'écriture signifient général en chef. Le second titre est de date plus récente, et semble s'appliquer au shiogoune considéré dans les fonctions de gouverneur politique, administratif, judiciaire et financier.

Le principe de la distinction et séparation des pouvoirs paraît inconnu au Japon, et c'est là qu'il faut rechercher la raison de la grandeur des taïkounes et de la décadence des mikados. Ce double mouvement s'est pour ainsi dire affirmé sans rémission le jour où l'hérédité des fonctions taïkounales a été imposée au souverain. Cependant le principe de la souveraineté de la cour de Kioto subsiste, et le taïkoune se reconnaît vassal et mandataire du mikado, chargé par lui de gouverner, et de maintenir entre tous les seigneurs le lien féodal qui les groupe autour du souverain. On comprend mieux l'état du pouvoir actuel en suivant les principales phases du taïkounat depuis son origine.

Le mikado Tsoui-tsine-téne-O, qui régna soixante-sept ans et mourut en l'an 30 av. J. C., créa, pour la première fois, quatre shiogounes, qui devaient se partager le commandement militaire par régions impériales. Jusque dans la seconde moitié du xii° siècle, cette position est oubliée ou reste relativement très-effacée et très-secondaire; mais alors commença une époque agitée dans laquelle le noble Yori-Tomo s'éleva en puissance. Il fut créé shiogoune en 1181 par le mikado Taka-Koura. Les grands services qu'il rendit centralisèrent entre ses mains un pouvoir qu'il légua à ses successeurs. De lui datent l'abaissement des daïris et l'indépendance croissante des shiogounes.

Cette indépendance ne parvint cependant à s'affirmer réellement que dans la fin du xvi⁰ siècle. Ce fut surtout l'ouvrage de trois taïkounes remarquables : Novnaga, Hakshiba, Iléas.

En 1558, Oki-Matshi-No-Ine monta sur le trône des mikados. Dès la première année de son règne, des révoltes eurent lieu contre lui; les liens de vasselage se brisèrent, et des troubles éclatèrent de tous côtés. Du sein de ce désordre se fit remarquer l'infatigable prince Novnaga, seigneur de la province d'Owari. Il triomphait partout de ses adversaires, et, sans se montrer hostile à son souverain, faisait la guerre pour son propre compte. Le mikado, privé de ressources, inhabile à rassembler les éléments épars de sa puissance, et incapable d'agir par lui-même, eut la faiblesse de légitimer les actes de Novnaga, et le créa shiogoune. C'était abandonner le pouvoir au plus audacieux, en résignant toute initiative entre les mains du général. Novnaga, après avoir bataillé durant toute sa vie, périt en 1582, sous la révolte d'un de ses lieutenants, le prince Akéti Shiouga-no-Kami.

A la fortune de Novnaga s'était attaché celui que les annales des Daïris appellent Fidé-Yosi, en se taisant sur son origine, car le grand rôle qu'il a joué ne permet pas de rappeler officiellement sa basse extraction. Je crois intéressant de donner sur ce sujet la version populaire qui m'a été racontée par un Japonais instruit. Il m'avertissait que plusieurs versions existaient, que la suivante était la véritable, quoique non autorisée par le gouvernement, et il restituait au héros son nom primitif de Tokoutshi.

Or Tokoutshi, fils d'un cultivateur, naquit vers le milieu du xvie siècle. Son caractère remuant l'empêcha de cultiver tranquillement le champ de son père. Il se mit au service de plusieurs maîtres, d'où sa mauvaise conduite le fit constamment chasser. Pendant quelques jours, il vécut d'aumônes, et s'accroupit un soir, accablé de misère, au coin du pont d'Oka-saki, dans la province de Mikaoua. Un voleur de profession, du nom de Hatshiska-Kohati, vint à passer, l'engagea à le suivre, et, ensemble, ils allèrent dévaliser la maison d'un riche agriculteur. Ayant reçu sa part de butin, il se sépara de son complice, qui devint kaïso-kou, c'est-à-dire pirate, acheta des habits convenables, des armes, et se fit admettre au service du prince Imagaoua-Ioshi-Moto, seigneur de la province de Sourouga, alors en guerre avec le prince Novnaga. Tokoutshi ne tarda pas à apprécier les positions respectives; se rangeant prudemment du parti le plus fort, il abandonna son nouveau maître pour se mettre au service de son adversaire. La victoire et l'avenir justifièrent les prévisions de Tokoutshi, qui se montra intelligent et courageux, se fit

remarquer et monta en grade. Bientôt Novnaga
le rapprocha de sa personne, lui confia des
troupes et des expéditions dont il se tira avec
honneur. Enfin, en 1577, son protecteur lui
donna la province de Harima avec le château
de Shimési. Tokoutshi se rendit à Kioto pour en
recevoir l'investiture du mikado, qui le reconnut noble daïmio sous le nom de Hakshiba-Tsi-
koutzéne-no-Kami.

Hakshiba était dans la province de Bitshiou
quand il apprit la mort de Novnaga. Il opéra
sa jonction avec un fils du général, et ensemble
livrèrent bataille à Akéti, qui fut défait à Yama-
Saki, et qui périt dans sa retraite. Après avoir
ainsi puni l'assassin de Novnaga, Hakshiba se
réunit aux grands officiers de son ancien maître,
et s'entendit avec eux pour faire nommer shiogoune le petit-fils de Novnaga. Ce dévouement
ne l'empêcha pas d'agir comme un protecteur
tout-puissant, c'est-à-dire comme un maître
qui n'a d'autre volonté à consulter que la
sienne, ne relevant que de lui-même. En effet,
la puissance qu'il avait su conquérir s'imposait

aü mikado, qui lui donna le titre important de kampakou, et peu de temps après celui de taïko, titre le plus élevé que puisse porter un sujet du mikado. Toute ambition possible était alors satisfaite; les instincts guerriers du général ne trouvant plus à s'exercer au Japon, car tous les grands seigneurs féodaux reconnaissaient sa suprématie, Hakshiba tourna les yeux vers la Corée, y envoya une puissante armée, et mourut en 1598, entouré de gloire, au château de Foushimé, qu'il s'était fait construire près de Kioto.

Fidé-Yori, fils de Hakshiba, succéda à son père, et Minamoto-no-Héas, alors bouïo de Kanto, fut, sous le titre de daïfou-sama, le chef du ministère qui inaugura l'administration du prince.

Héas prit les rênes du gouvernement sans compter avec Fidé-Yori. Celui-ci voulut résister aux empiétements de son ministre, qui, soutenant ses prétentions à main armée, fut vainqueur dans la bataille de Sékigahara, dans la province d'Omi. Cette victoire ayant été

saluée par l'adhésion de la noblesse, le mikado
créa Héas shiogoune, en même temps qu'il
donnait à Fidé-Yori les fonctions et dignités
de nadaïdjine.

Tokougaoua-Minamoto-no-Héas, fondateur
de la dynastie actuelle des taïkounes, s'em-
pressa de reconnaître les services de ses partisans par des récompenses générales et des
honneurs. Il créa trois cent quarante-quatre
kovdaï-daïmios ou nobles vassaux auxquels il
donna des fiefs, et quatre-vingt mille hattamotos ou guerriers nobles. Par cette création, il
s'assura le pouvoir. Les conventions qu'il fit
ensuite avec les seigneurs japonais, dont il reconnut les pouvoirs au détriment des mikados,
et dont il régla les rapports hiérarchiques, en les
groupant autour de lui, complétèrent son œuvre.
Le nouveau shiogoune fixa sa résidence à Yedo.
Il soumit tous les princes à l'obligation d'abandonner, une année sur deux, leurs domaines,
pour venir résider dans sa capitale. En retour-
nant dans leurs provinces, ils devaient laisser
leur famille, comme un otage, entre ses mains.

Héas, après avoir fortifié son pouvoir de tout ce qu'il avait enlevé à l'autorité des mikados, mourut en 1646, et fut déifié sous le nom de Gonguéne-Sama. Il laissa un fils légitime, Shidé-Tada, qui fut son successeur direct, et huit fils de rang secondaire, qui furent l'origine des Gokamongkés. Shidé-Tada eut lui-même quatre fils, dont l'aîné, Hé-Mits, fut taïkoune, et dont les trois autres donnèrent naissance aux trois puissantes familles de Gosankés. Depuis Hé-Mits, douze shiogounes se sont succédé, y compris le taïkoune actuel, Tokougaoua-Minamoto-no Hé-Moutshi, fils du Gosanké de Kishiou.

Ce fut sous le gouvernement d'Héas que le seigneur de Satsouma s'empara des îles Liou-Tshou, qui font, aujourd'hui encore, partie des domaines de ce fief. Peu d'années avant l'administration taïkounale de Novnaga, les Portugais pénétrèrent pour la première fois au Japon. Dans ces époques de troubles, sous Novnaga, Hakshiba, Héas, se développa le christianisme, qui fut proscrit sous Tokougaoua-Minamoto-no-Hé-Mits, petit-fils d'Héas. Ce fait eu lieu en

1638, à la suite de la rébellion chrétienne
d'Arima et de Sima-Bara. Alors commença pour
le Japon cette politique d'isolement qui dura
jusqu'en 1854. Les Hollandais furent relégués à
Décima, au milieu des restrictions de toutes
sortes, et les Chinois à Nangasaki.

Afin de se rendre compte de la puissance
relative du territoire confié directement au gouverneur des taïkounes, il faut savoir que le
Japon se divise en soixante-douze provinces,
dont cinquante dans l'île de Nippoune, neuf
dans l'île de Kioushiou, et quatre dans l'île de
Sikokou. Les îles suivantes : Yesso, Iki, Tsou-
shima, Sado, Oki, Aouadji, Hatidjiou, forment
chacune une province avec quelques annexes
d'îles inférieures. Sur le nombre total des provinces, trente-sept relèvent de l'empereur avec
plusieurs enclaves dans des provinces apparte-
nant à des seigneurs féodaux.

A la couronne appartiennent entièrement
les deux grandes contrées de Kanto et de Go-
kinaï. Toutes les deux font partie de l'île de
Nippoune. La première de ces contrées se com-

pose de huit provinces, et la seconde de cinq.
L'empire possède en outre dans l'île de Nippoune dix-sept provinces et six enclaves, sans
compter les deux provinces de Tshio-Shio et
Nagato, dernièrement annexées au détriment du
prince de Nagato. Dans l'île de Sikokou, la couronne ne possède entièrement que la province
de Sanoki et une partie de celle de Rio. Dans
l'île de Kioushiou, elle possède la province de
Bonzène, la partie sud de Shizène, dans laquelle
se trouve Nangasaki, et une partie de Shiouga,
dans le nord. De son pouvoir relèvent directement les îles de Sado, de Iki, de Hatidjiou et
de Oki. Il y a peu d'années, sous prétexte de
protéger contre les prétentions russes l'île de
Yesso, qui appartenait au prince de Matsmaï,
le taïkoune annexa l'île aux domaines impériaux, donna en échange, au prince Matsmaï,
un fief dans le nord de Nippoune, et ne lui
laissa qu'un petit territoire dans le sud de ses
premières possessions.

Sur l'étendue du domaine impérial se trouvent de grands vassaux relevant immédiate-

ment du taïkoune et portant le nom de kovdaï
daïmio, avec le titre de kami. Ce sont des chefs
militaires plus ou moins importants, qui transmettent leur pouvoir à leur descendance, avec
l'assentiment du taïkoune. Ils ont reçu en apa-
nage des terres et des châteaux, mais leur résidence peut être mobile. Ils changent alors de
garnison, et se transportent avec leurs hommes
suivant les ordres que leur transmet le gouvernement de Yedo. Dans la hiérarchie civile, les
kovdaï-daïmios forment une pépinière d'hommes
d'État, destinés au gouvernement supérieur. C'est
principalement parmi eux que le taïkoune choisit
ses ministres, en les rapprochant successive-
ment de sa personne par plusieurs grades hiérarchiques. De commandants de place sur les
domaines impériaux ils peuvent devenir oshosia:
ils occupent alors un poste dans la résidence
même du taïkoune, veillent à sa sûreté, et l'ac-
compagnent dans ses voyages. Le taïkoune a
constamment plusieurs kovdaïs de service autour de lui. Ces princes commandants, servent
pendant vingt-quatre heures, sont relevés le jour

suivant par un nombre égal, et tous les deux jours reprennent leur service, jusqu'à changement de garnison notifié par le ministère. A la suite des fonctions d'oshosia, le kovdaï daïmio peut être promu au grade de kioto-shoshidaï, c'est-à-dire ambassadeur du taïkoune auprès du mikado, ou comme rang analogue, il peut être nommé wakadoshiiori, ou directeur supérieur des grandes fonctions. Ces derniers grades conduisent au ministère de Yedo.

Tous les hommes qui suivent ces kovdaï-daïmios appartiennent à la classe noble des guerriers. Ils peuvent s'élever aux plus hautes fonctions, dont chacune embrasse confusément toutes sortes d'attributions.

C'est à la suite de cette confusion des pouvoirs que se sont produits les empiétements des shiogounes, dont les capacités politiques, judiciaires, administratives et financières semblent subordonnées à la capacité militaire. La hiérarchie se compose de trois classes : gokanine, hattamoto et daïmio. Chacune de ces classes compte plusieurs degrés. C'est dans la seconde

classe que sont rangées les fonctions de gaïkokou-bouïo ou gouverneur d'une des trois villes
ouvertes aux étrangers. A partir de ce grade les
fonctionnaires acquièrent le titre de kami. Les
gaïkokou-bouïos ne sont jamais isolément en
fonctions. L'esprit de défiance administrative a
introduit l'usage de l'action simultanée de plusieurs fonctionnaires occupant le même poste.
C'est ainsi qu'un même district peut posséder
cinq ou six gaïkokou-bouïo, qui se relèvent, se
succèdent ou se contrôlent alternativement. Au-
dessus du grade précédent, se trouve le gokandjo-
bouïo, receveur général, trésorier et juge supérieur, dont les fonctions offrent un rang analogue
à celui des gouverneurs de Yedo, Kioto ou Osaka,
(matshi-bouïo). Ils reçoivent, comme les gaïkokou-bouïos, des appointements de deux mille
kokous de riz, sans compter des revenus éven-
tuels qui peuvent être très-importants. Le kokou
est une mesure d'une capacité de 174 litres. Le
kokou de riz représente une valeur de 25 francs.
En s'élevant graduellement dans la série administrative, on rencontre les ométskés, inspec-

teurs, contrôleurs des grands fonctionnaires, ou sur le même rang, les orosouïs, officiers des rapports féodaux et secrétaires généraux pour l'état civil des daïmios. Ces dignitaires sont inférieurs aux osobas ou chambellans du taïkoune qui forment l'échelon le plus élevé de la classe des hattamotos. La charge d'osoba est rétribuée cinq mille kokous de riz; étant exercée pendant dix ans, elle donne le rang et le titre de daïmio, de même que l'élévation aux grades supérieurs : discha-bouïo, inspecteurs, contrôleurs des religieux et fonctionnaires du culte; wakadoshi-iori, directeur, immédiats des grands fonctionnaires. Ils sont cinq en fonction simultanée et reçoivent dix mille kokous de riz. Les gorodjios, ou ministres, au nombre de cinq, terminent cette série. Lorsque le taïkoune est mineur, le ministère est dominé par le gotaïro ou régent. Comme dignitaire, la famille taïkounale, gokamongké, gosankio et gosanké, prend rang entre le ministère et le taïkoune, dont l'organisation administrative se retrouve à peu près chez les grands seigneurs féodaux. sauf les fonctions de centralisation féodale, comme la charge d'orosouï. Les emplois prennent auprès du taïkoune une grande importance par suite de la puissance toute spéciale de la cour d'Yédo.

Il est inutile de faire ressortir les vices d'une organisation qui, par la confusion des pouvoirs, le défaut d'un code écrit et le respect de l'autorité dégénéré en délation, laisse place à tous les abus et remplace la loi par la personnalité des fonctions.

V.

LES GRANDS FEUDATAIRES.

Le taïkoune ne gouverne pas seulement avec les gorodjios. Trois fois par mois, elle réunit sous sa présidence la grande assemblée du Toujo, et porte devant elle les affaires qui intéressent le Japon. Toute innovation au pacte social doit être approuvée par le toujo, puis ensuite par le mikado. Cette assemblée réunit la grande noblesse du Japon, qui se trouve ainsi avoir autorité et pouvoir légal sur les décisions du taïkoune.

Dans cette assemblée, les chefs des familles issues d'Héas sont placés immédiatement derrière le taïkoune, à la droite et à la gauche duquel se rangent les gorodjios. A une distance relativement grande, sont placés par ordre les représentants de la noblesse, kokshi et toudama, puis les grands kovdaïs, vassaux de la couronne. Entre le trône et l'assemblée, un hérault choisi parmi les seigneurs de la famille taïkounale répète les paroles échangées des deux côtés.

Du toujo est tiré un comité national nommé tshioguiakou dont l'autorité est supérieure à celle du ministère du taïkoune. Dans le gorodjio se trouve plus naturellement l'élément taïkounal, tandis que dans le tshioguiakou l'élément féodal est surtout représenté.

A la tête de la noblesse sont placées les trois familles des gosankés issues de trois frères du taïkoune, Shidé-Tada fils et successeur d'Héas. Les chefs de ces familles portent le titre de dono. Ce sont : Owari dono, seigneur de la province d'Owari, Ki dono, seigneur de la province de Kishiou, Mito dono, seigneur de là province de Mito. Ces trois provinces sont situées dans l'île de Nippoune, et représentent une grande puissance par l'étendue, la richesse et la population de ces domaines, sur lesquels vivent les vassaux respectifs de ces trois princes.

Après les gosankés viennent deux familles de gosankio, dont les chefs portent également le titre de dono. Leur origine remonte à trois frères de Hé-tsna-ioshi, cinquième taïkoune de la famille d'Héas. Ces trois gosankios sont : Stoutsbashi dono, Taïasou dono, Shimidsou dono. Ce dernier fief est rentré par extinction dans les domaines de la couronne. Le premier fief stoutsbashi, dont la famille seigneuriale s'était également éteinte, a été relevé en faveur d'un cadet d'un gosanké de Mito.

Enfin sous les gosankios viennent, par ordre hiérarchique, huit familles, aujourd'hui réduites à sept, de daïmios gokamonkés, descendant de huit fils des concubines d'Héas. Ces princes portent le titre de kami. Le plus puissant des gokamonkés est le prince Itshisène, qui désirait partir en ambassade en Europe. Il en avait reçu l'autorisation du taïkoune, mais cette permission ne fut pas ratifiée par le mikado.

Cette triple hiérarchie de familles princières forme, autour du taïkoune, un puissant parti. Elles sont issues du même auteur et conservent les mêmes intérêts vis-à-vis des tiers. Mais entre elles se manifestent parfois de vives luttes, par suite de la rivalité qui souvent les divise. Lorsqu'un taïkoune meurt sans enfants, on choisit jusqu'à présent son successeur parmi les trois gosankés, et chacun cherche à se faire des partisans dans le conseil supérieur de l'empire, afin d'agir sur le mikado. Le dernier taïkoune, actuellement au pouvoir, est fils du gosanké de Kishiou, comme déjà son second prédécesseur.

En regard de cette puissance, dont Héas est le point de départ, se trouvent les dix-huit grands seigneurs féodaux appelés kokshi et décorés du titre de kami, à l'exception du seigneur de Kaga, qui porte le titre de dono. Comme il est intéressant, dans l'état actuel de la question, de noter ces dix-huit seigneurs, leurs noms et leurs seigneuries suivent par ordre hiérarchique :

Kagadono, seigneur de Kaga, Noto, Itshiou, et d'une partie de Shida (dans l'île de Nippoune).

Satsouma no Kami, seigneur de Satsouma, Osmi, Shiouda (dans Kioushiou) et seigneur des îles Lioutshou.

Sendaï ou Mouts no Kami, seigneur de Mouts (Nippoune).

Fosokaoua no Kami, seigneur de Shigo (Kioushiou).

Cloda no Kami, seigneur de Tshigousène (Kioushiou).

Akino Kami, seigneur d'Aki (Nippoune).

Tshioshio no Kami, seigneur de Tshioshio et Nagato, dernièrement annexées à la couronne.

Nabésima no Kami, seigneur de Hisène (Nippoune).

Inaba no Kami, seigneur de Inaba (Nippoune).

Ikéda no Kami, seigneur de Bizène et Bitshiou (Nippoune).

Toodo no Kami, seigneur de Isé et de Higa (Nippoune).

Awa no Kami, seigneur de Awa et Awadji (Sikokou).

Tôsa no Kami, seigneur de Tôsa (Sikokou).

Arima no Kami, seigneur de Tshikougo (Kiou-shiou).

Sutaké no Kami, seigneur d'Akita et Déoua (Nippoune).

Nambou no Kami, seigneur de Nambou et Mouts (Nippoune).

Ouésgui no Kami, seigneur de Iounésaoua et Déoua (Nippoune).

Tsousima no Kami, seigneur de l'île de Tsima.

Il faut remarquer que dans cette liste les noms de seigneuries répétées indiquent une autorité sur des districts différents dans la même province.

A côté des kokshis sont placés les toudamas daïmios, dont la puissance s'étend sur un petit territoire, mais qui, comme les kokshis, sont maîtres chez eux. Ils sont au nombre de quatre-vingt-deux, et portent le titre de kami. Une grande partie de ces familles princières remontent à des frères cadets de kokshis en faveur desquels les fiefs ont été créés ou relevés. Les Toudamas daïmios font cause commune avec les grands seigneurs féodaux dont ils partagent les intérêts en opposition aux envahissements des taïkounes.

Les kokshis et même les toudamas daïmios ont sous leurs ordres des vassaux, qui sont, comme les capitaines de leur armée respective, à la tête d'un certain nombre d'hommes de guerre, qu'ils entretiennent sur le domaine. Ces vassaux comptent eux-mêmes parmi la principale noblesse, et sont connus sous le nom de baïsing daïmio. Ils sont aux kokshis et toudamas ce que les kovdaïs sont au taïkoune, tiennent garnison sur les domaines de leurs seigneurs, l'entourent dans ses voyages, ou font près de lui alternativement un service de garde dans ses résidences. Plus la puissance et les domaines d'un seigneur sont étendus, plus grand est le nombre de ses baïsings daïmios. C'est ainsi que Satsouma-no-Kami en compte cinquante-deux.

VI.

LE PEUPLE JAPONAIS.

A la suite de l'organisation aristocratique, l'échelle sociale se continue dans le peuple par une organisation de pouvoirs en contact immédiat avec les individus. Dans les villes, chaque rue représente un rudiment de commune, ayant ses chefs et ses archers. Les chefs sont élus parmi les propriétaires de la rue. Ils sont acceptés par le gouvernement sur la présentation des habitants, et choisissent à leur tour, dans les mêmes conditions, plusieurs d'entre eux pour former près du gouverneur un conseil d'administration. En dehors des villes, cette même organisation, formée dans la campagne par groupes d'habitations, se trouve en relation administrative avec le gokandjo bouïo. Les fonctions municipales sont héréditaires avec l'assentiment du gouvernement supérieur et des administrés qui conservent un droit de veto, et qui, dans tous les cas d'abus, possèdent un droit de dénonciation signée, contre tout fonctionnaire auprès de son chef et même contre le taïkoune auprès du mikado.

L'administration municipale tient des registres de naissance, de mariage et de mort. Dans ces registres sont également consignés les noms des habitants, leur position sociale, leur présence ou leur absence, par suite de voyage dont ils ont notifié le but et la durée. C'est l'administration locale qui asseoit et perçoit l'impôt, et qui prélève pour son service des taxes municipales. L'impôt général est simplement foncier; il est payé par les propriétaires d'après la superficie de leur propriété, et la valeur des terres et terrains divisés en

trois classes suivant leur estimation. Les con-
testations qui s'élèvent ou les crimes qui se
commettent, donnent aussi lieu à l'interven-
tion de l'administration municipale, qui d'abord
instruit l'affaire, juge dans les moindres cas,
ou bien en réfère à l'autorité supérieure dans
les cas plus importants. Le gouverneur à son
tour juge ou renvoie l'affaire au ministère
auquel il est toujours permis d'en appeler.

En examinant en dehors des mœurs chaque
organe du corps social, on pourrait conclure à
une immobilité tout orientale qui assimilerait
le Japon aux autres peuples asiatiques. Il n'en
est rien ; l'activité domine au contraire dans
cette société, où les classes sont distinctes,
mais ne forment pas castes. S'il est vrai que la
noblesse tienne beaucoup de place, il est également vrai que la vie sociale n'en est pas étouf-
fée, grâce au profond respect qu'on a au Japon
pour toute personnalité, grâce à la liberté individuelle, qui rencontre, dans la forme hiérarchique de la société japonaise, un cadre directeur plutôt qu'une prison. La noblesse n'étant

pas exclusive et restreinte à la naissance,
chacun a le droit d'y prétendre, en s'élevant
par son mérite, dans la hiérarchie administrative du taïkoune ou dans celle des grands seigneurs féodaux. Ceux-ci même pourraient être
légalement remplacés en temps de guerre, mais,
leur nombre étant naturellement limité par le
nombre des fiefs, et ces fiefs étant héréditaires,
il s'ensuit, qu'en temps de paix, de nouveaux
venus ne peuvent trouver place parmi eux.

Le respect de l'initiative individuelle se manifeste encore dans le droit entier et non motivé
de reconnaissance et d'adoption. Ces deux actes
simplement exprimés déterminent une filiation
nouvelle qui devient la seule reconnue. Par
l'usage de ces droits, un équilibre s'établit entre
des familles du même rang dont les unes sont
surchargées d'enfants et dont les autres man-
quent de postérité. C'est encore par l'usage de
ces droits que se forme un autre genre d'équilibre comme un trait d'union entre une famille
qui déchoit et une autre qui, en grandissant,
recherche une nouvelle sphère à son activité.

Dans le droit d'adoption et de reconnaissance se confondent souvent les distinctions qui subsistent entre les classes. Ainsi le mariage n'étant généralement admis qu'entre personnes du même rang, toute union, en dehors de ces conditions deviendrait impossible ou malheureuse, si l'on n'avait ce remède facile pour régulariser la position et donner gain de cause à la liberté de l'initiative individuelle en même temps qu'au maintien de la hiérarchie sociale. Enfin, grâce à ces droits largement pratiqués, les familles se mêlent dans leurs éléments les plus actifs, l'horizon s'élargit pour chaque individualité, la concorde remplace l'antagonisme et la haine, la famille se consolide au lieu de se détruire, l'aristocratie présente une nouvelle possibilité d'accès, et reste par cela même, pour la foule un type à atteindre.

Také-no-Outchi Si-Mots-no-Kami, ambassadeur japonais à l'étranger dans le printemps de l'année 1862, offre un exemple de cette liberté d'initiative individuelle qui forme l'expression des mœurs sociales au Japon. Dans sa jeunesse,

il était horloger, et bientôt désirant, un champ
plus large à son activité, il conclut un arrange-
ment avec un gokanine nommé Také-no-Outchi,
qui lui reconnut son nom et lui facilita l'accès
de la noblesse militaire. Passant successive-
ment par les grades de gokandjo, shirabéakou,
komigashira, il parvint aux fonctions de gaïkokou-bouïo. Ce fut dans l'exercice de ses fonctions, étant gouverneur de Hakodadi, qu'il fut
désigné par son gouvernement pour diriger la
première ambassade japonaise qui vint à Paris.
Také-no-Outchi est aujourd'hui gokandjo-bouïo,
et se rapproche des plus hautes fonctions politiques.

Les mœurs sociales sont, plus que les institutions, l'expression d'une société; à ce compte,
les Japonais possèdent des éléments sérieux
d'avenir et de progrès. Ces éléments se trouvent
dans leur caractère national plus que dans leurs
institutions, car l'organisation tolère des abus,
comporte des vices déplorables et possède des
bases totalement fausses, comme la confusion
des pouvoirs, l'arbitraire des décisions admi-

nistratives et judiciaires. Le caractère général de féodalité trouve, il est vrai, un correctif dans l'égalité démocratique d'une libre expansion permise aux facultés de tous ; c'est peut-être à l'alliance de ce contraste que les Japonais doivent cette valeur individuelle qui les distingue si profondément de leurs voisins les Chinois. Non-seulement ces deux nations sont différentes, mais elles présentent, sous tous les rapports, des oppositions directes. L'étude et la comparaison de ces pays offrent également un exemple curieux de l'inefficacité des institutions à réaliser seules et à représenter par elles-mêmes une direction sociale ; car c'est l'expression des mœurs qui détermine en réalité l'expression d'un peuple, et c'est dans ses mœurs que nous devons rechercher sa véritable physionomie.

En comparant sous ce point de vue les Japonais aux Chinois, nous retrouvons chez les deux nations un caractère dominant. En chine le mobile pivotal des actions est l'intérêt matériel. Cette soif du gain représentée en argent est elle-même alimentée par le besoin exclusif de satisfactions matérielles. Les besoins moraux n'existent pour ainsi dire pas en Chine, et l'indifférence en matière de sentiments religieux est complète. Les Japonais possèdent également un mobile principal qui domine leurs actions, mais ce mobile c'est l'honneur. Si ce sentiment prend chez eux une direction souvent fausse, il n'en représente pas moins un des plus nobles besoins de la nature humaine, et demeure pour l'homme qui le possède un stimulant énergique de progrès véritable. L'honneur n'est pas un vain mot pour les Japonais, qui, sans hésitation, lui sacrifient leur vie. Ils manifestent ce sentiment en harmonie d'un développement général des besoins moraux, et d'une modération matérielle, réelle, malgré des détails de mœurs, dont l'expression isolée paraîtrait avoir une signification différente.

Si des mœurs nous passons à l'esprit des institutions nous trouvons en Chine les principes théoriques de liberté et d'égalité présidant à l'organisation sociale, tandis qu'au Japon domine essentiellement le principe de l'inégalité

avec le respect de la hiérarchie. Les principes
de l'organisation en Chine sont plus conformes
à notre civilisation, mais ces principes dégé-
nèrent en applications arbitraires, et dispa-
raissent devant l'individu ou la fonction. Sous
ce rapport, le mal est le même au Japon, mais
se corrige sous le puissant contrôle de la hiérarchie.

Le rapport des mœurs aux principes des
institutions présente chez les deux peuples les
mêmes contrastes. Tous les grades chinois se
gagnent au concours, et malgré cette entière
égalité, qui paraîtrait devoir surexciter l'émulation de chacun, le peuple chinois est cor-
rompu, matériel et lâche. Le peuple japonais,
gouverné par une aristocratie, non exclusive
mais privilégiée, est artiste, courageux, franc
et actif. Le niveau de l'individualité est donc
plus élevé au Japon qu'en Chine. Est-ce parce
que le premier peuple a sous les yeux un type
constant de perfection libre, auquel il peut
librement aspirer, tandis que chez le second
tout développement individuel n'a lieu que

sanctionné par l'opinion générale, car le mérite réside dans la personnalité, et celle-ci se
brise sous la sanction de l'opinion. D'un côté,
l'individualité dans l'intelligence, et la moralité
se conserve indépendante dans la classe aristocratique, et le peuple, libre dans son activité,
se modèle sur cette classe; d'un autre côté,
chez les Chinois, toute individualité est obligée
de se soumettre à la masse qui la juge, et se
trouve brisée lorsqu'enfin elle parvient à une
situation où il lui aurait été possible de se produire. Quoi qu'il en soit, le niveau social en
Chine se courbe vers le bas, tandis qu'au Japon, il s'élève constamment vers le haut.

A l'examen, dans les deux pays, des bases
de l'organisation sociale jugées à notre point
de vue moderne, on aurait attendu un résultat différent. Cette contradiction apparente
n'infirme en rien les principes, et prouve simplement à nos yeux que les principes de constitution ne suffisent pas à rendre le caractère
particulier d'une société. Ce phénomène est du
reste conforme aux lois de la nature humaine,

qui veulent des hommes libres dans leur moralité et non pas des syllogismes incarnés.

Nous retrouvons encore dans les deux pays
voisins une autre opposition dont l'existence
peut rendre compte de la dissolution sociale de
la Chine en regard de la solidarité compacte
de la nation japonaise. Dans le Céleste Empire
l'individualité simple est le premier élément de
la société qui repose au Japon sur l'individualité concrète, c'est-à-dire sur la famille. L'influence du nom est pour le Japonais un lien qui
n'existe pas pour son voisin; de là nécessairement une série d'actes qui, d'une part, abouti-
ront au triomphe de l'égoïsme, et qui de l'autre,
au contraire, tendront au dévouement. Ces faits
viennent se compliquer du caractère général
propre à chacun des deux peuples, et c'est ainsi
qu'un Chinois, après s'être élevé dans le gouvernement des affaires publiques, laisse simplement à son fils l'argent qu'il a pu amasser dans
sa carrière, tandis que, dans les mêmes conditions, le Japonais transmet à son enfant le respect et l'honneur dont il a su entourer son

nom. Ce sera pour le jeune Japonais une source nouvelle d'émulation, un devoir à remplir, et un droit à sauvegarder. Le sentiment de la solidarité du nom est tellement développé au Japon, que souvent un père, sous l'empire de ce sentiment et du respect dû à l'initiative individuelle, transmet à son fils sa position dès que celui-ci est arrivé à l'âge viril. On retrouve dans ces faits un grand respect pour la dignité de l'individu.

Le privilége de porter deux sabres se lie aux idées japonaises d'honneur et de dignité. Le grand sabre est une arme de guerre dont il est poli de se débarrasser dans une maison amie. Le plus court est exclusivement une arme de suicide : aussi peut-on, dans une visite amicale, le garder sur soi sans impolitesse. Le suicide légal, dont le petit sabre est le signe paraît au premier abord un usage tout à fait barbare. En effet, la barbarie est réelle dans l'arbitraire de la loi et de la pénalité. Il est odieux de penser que la vie et l'honneur peuvent dépendre d'un caprice de prince ou de fonctionnaire dont les décisions représentent la loi. Il est pénible de songer à la cruauté d'une sentence, dont le patient est lui-même l'exécuteur. Mais s'il en est ainsi du fait, il en est tout autrement des prémisses qui ont amené cette triste conclusion, comme la conséquence illogique d'un ensemble de préoccupations dignes d'un sérieux examen. Le point de départ gît dans le besoin de donner satisfaction à des nécessités, des droits et des devoirs dont la conciliation offre de grandes difficultés. Ainsi il est évident que la société a le droit de réprimer et de punir; mais il est également évident que le coupable seul devrait être atteint dans les limites de la répression. Si la société, s'armant d'un droit contestable, prononce la peine de mort, cette peine est assez forte pour qu'il soit juste et humain de ne pas l'aggraver par la torture de la honte, de la violence et de la dégradation de l'homme en contact avec un bourreau. Enfin s'il est décidé que l'homme doit mourir, qu'il meure; mais que cette mort soit un retour vers la dignité humaine un moment oubliée dans la faute, au lieu d'être le sacrifice outrageant de cette dignité sur l'autel de l'infamie.

Au Japon, l'homme qui mérite la mort et qui meurt de sa main est préservé de la honte et de la déchéance qu'entraînait son crime. En acceptant noblement la responsabilité de son acte, il en efface pour ainsi dire la culpabilité. Il lègue à sa famille le souvenir de son courage et de sa dignité, en balance exacte avec le souvenir de sa faute, et par là conserve à son nom la position morale qui lui appartenait et le respect dont il était entouré.

Telle est la signification morale du petit sabre japonais, dont l'emploi est trop souvent dirigé par une application exagérée d'un principe qui, en lui-même, pourrait faire honneur à une civilisation éclairée. La déduction illogique de principes vrais aboutissant au suicide révoltera quelques consciences, mais qu'elles songent qu'il y a là une tentative de solution d'un problème dont l'équation plus parfaite intéresse notre civilisation et l'humanité tout entière.

L'usage du suicide en contact avec l'esprit de vengeance prend encore une physionomie différente. Si un Japonais est blessé dans son honneur par un homme dont il ne puisse tirer personnellement satisfaction, il s'ouvre les entrailles, et rejette par cet acte, sur son adversaire, une déclaration de vendetta dont la famille, les amis et les serviteurs du suicidé poursuivent passionément l'exécution. Ces vendettas sont terribles, car les Japonais renoncent facilement à la vie, et meurent contents s'ils peuvent en même temps donner la mort. Cette particulière physionomie du suicide, sans excuse possible, montre combien l'exagération d'un sentiment naturel est facile en dehors d'une règle précise qui puisse en fixer la juste appréciation.

Un peuple qui donne une place si importante au sentiment de l'honneur doit attacher un grand prix à l'expression de mutuelle considération. C'est ce qui se produit au Japon, où le respect se manifeste surtout dans l'extrême politesse qui préside aux relations. C'est une des premières choses qui frappent l'étranger débarquant sur la terre japonaise. Il voit les hommes de la plus basse classe se donner réciproquement des marques de déférence. Cette politesse reste constamment digne, et les honneurs rendus à un supérieur comportent une gravité à laquelle on reconnaît un hommage plutôt qu'un acte servile. Les fêtes, les solennités, le nouvel an, les grands événements de la famille donnent lieu à des visites, à des réunions, à des festins dans lesquels le code de la politesse fixe chaque détail. La manière dont on s'aborde, dont on se quitte, le style épistolaire, le soin avec lequel on répond à une attention, sont soumis à l'observance de règles précises qu'un Japonais n'oublie jamais. Si, par hasard, se produit l'oubli des convenances, l'homme tombe en grande mésestime, et s'expose à la vengeance, comme à la suite d'une insulte commise. Un des signes de l'entière politesse se retrouve dans le respect dont sont entourées les femmes au Japon. Leur importance est suffisamment mise en lumière par la loi qui leur permet de régner ; en effet, les annales des empereurs nous montrent plusieurs femmes assises sur le trône des Mikados.

A côté de ce respect des femmes existe au Japon une véritable dépravation qui s'étale comme la chose du monde la plus naturelle. Le gouvernement en a ostensiblement le monopole et le fait subsiste à côté des qualités les plus opposées à ce vice. Les extrêmes se touchent facilement partout, mais, sous ce rapport, le Japon est la terre privilégiée du contraste. On y voit la réserve et la modestie se confondre avec la licence, l'arbitraire en harmonie avec le sentiment de la dignité individuelle, la simplicité des mœurs sociales en accord parfait, chez les mêmes individus, avec le luxe féodal, l'aristocratie en société avec la démocratie, la défiance administrative en paix avec la confusion des pouvoirs, et toujours la politesse en relation avec tous.

La politesse des mœurs, jointe à l'esprit d'activité, se traduit, dans l'esprit des villes et des campagnes, par l'ordre et la propreté qu'on y voit régner. Les rues larges et droites sont bordées de maisons bien alignées. Celles-ci n'ont que peu de hauteur, et sont construites de matériaux légers; car les tremblements de terre fréquents au Japon, ont imposé des lois à la construction. Les façades extérieures sont simples. L'habitation des grands, comme les casernes, ne montrent sur la rue que des palissades élevées. A Yedo, la résidence du taïkoune est entourée de fossés profonds, contenus par de solides murs en pierre, au-dessus desquels s'élèvent encore des remparts en talus, et derrière s'abritent les habitations. Les demeures seigneuriales, également protégées du côté de la rue, occupent de grands espaces entourés de casernes; c'est au centre que se trouve la maison principale avec les jardins. Les étrangers ne peuvent contempler les habitudes et le luxe intime de ces demeures. Ils ne pénètrent que l'intérieur de la vie populaire dont la simplicité paraît surprenante à l'Européen, qui n'aperçoit aucun des meubles indispensables pour lui, et qui vainement cherche

un siége, une table, un lit. Le plancher sup-
plée à tout. Il est garni de nattes fines et rem-
bourrées dont la propreté est facile à entretenir,
grâce à l'habitude de n'entrer jamais dans une
maison avec ses souliers. Ainsi garni, le plancher sert de siége dans la journée. La nuit,
chaque habitant de la maison, s'enveloppant
d'une longue robe de chambre plus ou moins
chaude, suivant la saison, s'abrite des insectes
sous une moustiquaire, et trouve sur les nattes
un lit suffisamment moelleux. Les Japonais savent se passer de cheminées aussi bien que de
lit. Lorsque la température l'exige, ils posent
au milieu de l'appartement un brasero rempli
de charbons, dont ils recueillent ainsi toute la
chaleur, sans danger d'asphyxie, car l'air, trouvant accès à travers les châssis, se renouvelle
facilement. L'emploi des vitres aux fenêtres est
inconnu aux Japonais qui les remplacent par
du papier. Ce papier remplit une foule d'usages
différents. Non-seulement il reçoit les signes de
l'écriture, mais il est encore employé comme
mouchoir et essuie-mains; on en fabrique des

manteaux imperméables à l'eau; travaillé d'une
certaine façon, il imite le maroquin et remplace parfaitement le cuir; on en fait des cordes
et des ficelles résistantes; enfin on le colle, en
guise de vitres, sur les châssis qui servent de
portes et de fenêtres. Ces châssis ne sont pas
retenus par des charnières, mais glissent dans
un encadrement de rainures qui les retiennent
en leur laissant leur mobilité.

Cette installation, d'une simplicité spartiate,
entraîne de graves inconvénients, qui, par le
contact des étrangers, amèneront des change-
ments inévitables. Parmi ces inconvénients, les
plus graves sont les douleurs rhumatismales et
les incendies. Les rhumatismes naissent de l'hu-
midité impossible à éviter dans des maisons construites comme le sont celles des Japonais, et
séparées seulement du sol par une simple plan-
che. Les incendies provoqués par l'usage incom-
mode, et malgré tout insalubre, des braseros, se
développent fréquemment; aussi rencontre-t-on,
dans les rues, de distance en distance, des py-
ramides de seaux toujours remplis d'eau. Le

secours est promptement organisé de la part d'hommes intelligents et courageux qui malheureusement ont l'habitude de ces accidents. Des magasins de dépôts pour marchandises sont quelquefois rendus incombustibles par l'emploi d'un béton boueux que quelques étrangers ont adopté à Yokohama.

Les seules constructions artistiques que les étrangers puissent visiter sont les temples enrichis de sculptures, de peintures et de laques. Autour de ces temples s'étendent des jardins qui montrent chez les Japonais un goût naturel. Dans la campagne, l'amour des belles choses se manifeste par les soins accordés à un arbre remarquable, dont la position peut même quelquefois gêner la culture. Dans ce cas on lui laissera une bande circulaire de terrain, comme un domaine qui doit protéger ses racines contre la charrue. Partout dans les champs, comme à la ville, on aperçoit le travail d'un peuple poli, aimant l'ordre et la propreté. Ce travail est poussé si loin, que, sans exagération, on ne rencontre pas de mauvaises herbes dans les campagnes, traversées de routes macadamisées et bien entretenues.

Les routes sont divisées en plusieurs classes de largeurs différentes. La plus importante est le Tokaïdo qui traverse l'île de Nippoune, dans sa longueur en passant par Yedo. La distance y est inscrite, comme aussi sur les principales autres routes, à partir du grand pont de Yedo, le Nippoune-basse, choisi comme point de repère. Les contrées qui divisent le Japon ont été chacune entourées de larges voies de circulation; dans ces contrées, chaque province, puis chaque district possède également des routes de ceinture. Enfin de chaque ville et de chaque village partent des chemins qui relient ces points aux grandes artères. Les voyages sont donc rendus faciles au Japon, et sur toutes ces voies de communication circule un peuple actif de marchands, d'industriels, de prêtres, de soldats, de princes; les uns à pied, les autres à cheval, ou en chaise à porteurs. Pour plus d'ordre, chaque courant de voyageurs doit suivre un même côté de la route. Afin d'éviter

entre les daïmios supérieurs un conflit de pré-
séance qui pourrait devenir dangereux, la cour
de Yedo règle la marche de chacun, de manière
à ce que deux de ces princes ne puissent se
rencontrer en chemin. La mesure est prudente,
car les grands daïmios sont toujours suivis
d'une armée, et chacun s'arrête en se proster-
nant sur leur passage. La facilité des voyages
est non-seulement due aux routes spacieuses,
à l'absence de douanes intérieures et d'octrois,
mais encore au grand nombre d'auberges et de
maisons de thé qui bordent ces routes. De distance en distance sont également placées des
maisons de postes où le voyageur trouve à louer
des chevaux, des porteurs et des courriers.

Cette fréquence des voyages au Japon est
importante à noter, car elle introduit chez le
peuple des habitudes de solidarité en opposition
avec le régime féodal qui tend à l'isolement
des provinces. C'est ainsi que les mœurs sociales ont leur expression propre, et que les
institutions n'amènent pas comme conséquences
inévitables les résultats qu'elles ont pu pro-

duire chez une autre race. Par la fréquence des relations s'est établi parmi les Japonais un rapport homogène dans l'état de leurs intérêts commerciaux, industriels et scientifiques.

Leurs connaissances scientifiques sont peu développées ; mais loin de méconnaître leur ignorance sur ce sujet, ils cherchent à combler cette lacune dans leur contact avec les étrangers. C'est par l'intermédiaire de ces derniers, principalement par les Russes et les Hollandais, que les Japonais sont parvenus à posséder des connaissances géographiques assez complètes. Ils impriment de grands planisphères, chargés de notes et d'indications, de manière à servir de traité de géographie aussi bien que de cartes. La science historique se borne pour les Japonais à l'histoire de leur pays. Afin d'établir leur chronologie, ils se servent de trois moyens différents. Ils ont une ère qui commence, en l'an 660 avant J.-C., avec le règne du Daïri Shine-Mou, premier auteur de la dynastie encore actuellement régnante. A côté de cette époque fixe, ils comptent par cycles de soixante années et par une série de cycles plus petits et de durée variable qu'ils appellent nengo. Les empereurs déterminent le nom et la durée de ces nengos qui se suivent sans interruption. Un même règne peut posséder plusieurs de ces divisions.

Les connaissances des Japonais dans les sciences physiques et naturelles semblent très-faibles. Ils possèdent en mathématiques quelques vérités fondamentales qui leur font envisager cette science d'une façon spéciale. De ces vérités, ils tirent des procédés pratiques remarquables pour la résolution des problèmes d'arithmétique, qu'ils résolvent, sans écriture, plus promptement que les Européens. Ces procédés leur sont communs avec les Chinois.

De même qu'en Chine, la chirurgie et les sciences qui en dépendent sont presque ignorées au Japon, mais la médecine présente un ensemble de connaissances plus développées, quoique imparfaites. Les médecins japonais accordent une grande attention aux pulsations des artères, qui leur fournissent leur principal élément diagnostique. Ils sont très-habiles à saisir toutes les variations que présente ainsi la circulation du sang, et rattachent avec pratique ces variations aux différentes maladies qui peuvent en être la cause. Pour combattre les maladies, ils emploient quatre principales méthodes : l'ingérence de différentes substances, la plupart végétales, le feu sous forme de moxa ou comme simple application de la chaleur, l'acupuncture, et le massage qui est en grande estime. L'usage des bains chauds est général, en dehors de toute prescription médicale; car les Japonais sont soigneux de leur personne; ils accordent une grande attention à l'aspect extérieur, comme à l'étude de la physionomie et des lignes de la main.

Sous l'influence du peu de développement que possèdent les sciences au Japon, l'enseignement général est surtout religieux, moral et littéraire. Une bonne éducation se continue dans l'étude de la musique et de la peinture; elle se complète, pour les hommes, par l'exercice des armes. La musique est complétement dans l'enfance; mais il n'en est pas de même de la représentation dramatique, qui se produit avec vérité d'expression et science d'observation. Les Japonais ne représentent pas seulement sur leurs scènes des sujets mythologiques et merveilleux, dont la production forme, pour ainsi dire, le début de l'intelligence dans ce genre de créations : ils abordent aussi la représentation de la vie usuelle, des détails des mœurs, des événements historiques dans un milieu de décoration en harmonie avec le sujet mis en scène. Ce seul fait est certainement un indice de connaissances avancées. Pour rendre hommage au talent dramatique des Japonais, je dirai, que dès le commencement de mon séjour au Japon, il m'est arrivé d'assister à des représentations dont je pouvais suivre l'idée, grâce au naturel des gestes et des expressions ainsi qu'à l'harmonie des décors. Être intéressé dans ces circonstances, avant d'avoir eu le temps de se familiariser avec la langue, prouve en faveur de la composition, comme en faveur des artistes. Ils sont cependant loin d'être parfaits, quelque disposé que l'on soit à l'indulgence par un séjour prolongé en Chine. Le principal défaut des acteurs est d'adopter, sur les planches, un ton déclamatoire qui gâte l'effet et nuit à la beauté de leur langue.

La langue japonaise est douce et harmonieuse. Son étude est facile si on veut se borner à l'apprendre pratiquement, en écoutant, en se renseignant sur les mots, et en reproduisant la manière de parler des Japonais qui vous adressent la parole ou vous répondent. Cette dernière observation, naïve vis-à-vis de toute langue, ne l'est pas au Japon; car si l'on veut en savoir davantage, les difficultés se multiplient, le temps se passe et l'on s'aperçoit que le japonais est la plus difficile des langues vivantes. Elle est entièrement régie par l'étiquette, la politesse et le code de la hiérarchie; adresser la parole comme on vous parle, ou répondre comme on vous répond, c'est ne tenir aucun compte de ces règles. Suivant la position sociale de son interlocuteur, il faut varier ses

formules, employer des mots spéciaux, conju-
guer ses verbes de façons déterminées, et faire
intervenir certaines particules. Tout cela n'est
encore rien auprès des difficultes de la lecture
et de l'écriture. La langue écrite diffère de la
langue parlée; ce qui s'écrit ne se parle pas et
réciproquement. Certaines formules sont spé-
ciales, et il serait souverainement ridicule et
bouffon de confondre les deux genres d'expressions. Comme si toutes ces difficultés ne suffi-
saient pas, les Japonais ont adopté les milliers
de signes idéographiques chinois, et en plus
deux écritures phonétiques. Les signes idéographiques sont lus au Japon suivant deux pronon-
ciations différentes : le koïé, ou lecture suivant
le son, reproduit à peu près le son chinois attri-
bué au caractère, tandis que le konh est une
lecture suivant le sens et traduit le son pure-
ment japonais de l'objet exprimé. Ainsi le caractère qui signifie *chose*, se prononce *gui* suivant la lecture koïé et *koto* suivant la lecture
konh.

L'écriture idéographique prend trois noms

différents, suivant le style d'écriture adoptée :
le kouasho, ou shingghana, représente les signes
tracés carrément ; l'écriture cursive savante et
officielle est nommée guiosho, l'écriture cursive familière prend le nom de sosho ou tsao.
Les Japonais ont eu l'intelligence de comprendre l'énorme obstacle qu'apportait aux études
la difficulté de l'écriture idéographique, qui,
en définitive, resserre la pensée dans les limites
du passé et transforme toute étude en un long
apprentissage de lecture. Ils ont en conséquence adopté l'alphabet phonétique, qui, par
l'analyse des sons, permet de poursuivre l'idée
avec un instrument facile. Mais le point de départ était tellement compliqué, qu'ils n'ont pu
parvenir à la simplicité, dont ils sentaient le
besoin. Ils ont un premier alphabet phonétique
de quarante-huit syllabes exprimées par quarante-huit signes. Cette écriture reçoit le nom
de kata-gana qui veut dire écriture de côté ou
d'annotation. Les Japonais se servent du kata-
gana comme traduction phonétique, pour fixer
la prononciation, et malheureusement ne s'en

servent pas comme d'une écriture usuelle. L'écriture vulgaire phonétique est nommée hira-gana. Elle se décompose en quarante-huit syllabes comme le kata-gana, mais ce qui la rend bien plus compliquée, c'est que chacun de ces quarante-huit sons possède, par des emprunts faits au sosho, un grand nombre de synonymes, parmi les caractères destinés à le reproduire. Enfin quelque compliqué que soit l'hira-gana, cet alphabet prouve chez les Japonais un rare bon sens, et une activité intelligente qui les pousse vers le progrès, en échappant à la routine asiatique. Ces qualités se retrouvent dans leur littérature vulgaire, dont la verve n'épargne pas plus le privilége que les ridicules de la vie populaire.

Les Japonais présentent le grand spectacle d'un peuple vivant et progressif, au milieu de la torpeur asiatique, d'un peuple qui veut avant tout s'instruire et s'améliorer, et qui, quoique placé au fond de cet extrême Orient tout replié sur lui-même, ne repousse aucun maître. Avec la grandeur individuelle qui les caractérise, les

Japonais pourront conquérir une forme sociale qui complétera l'expansion de leurs qualités. Ils ont des abus à corriger, des cruautés à adoucir, mais qu'ils sachent profiter de l'élément occidental, qui s'est fait jour dans leur civilisation, et ils trouveront, dans ce nouvel élément, un levier puissant à la disposition d'une action intelligente.

VII.

LE JAPON PAR RAPPORT A L'EUROPE.

Sans nous occuper du point de vue d'équilibre politique dont la considération n'offre aujourd'hui aucune opportunité, il nous reste à voir quelles ressources et quels avantages le Japon présente à l'Occident, sous le rapport industriel et commercial. Par le nombre et la densité de ses habitants, l'empire du Soleil Naissant nous ouvre un vaste débouché pour l'importation d'un grand nombre de nos produits; par la richesse du sol, et l'industrie des indigènes, ce pays peut nous donner en échange de précieuses marchandises d'exportation vers l'Europe. Sa population paraît être de 40 millions d'habitants répandus, en presque totalité, sur les trois grandes îles de Nippoune, Sikokou et Kioushiou, et sur un grand nombre de petites îles latérales. Ce groupe, en y comprenant l'île de Yesso, s'étend depuis l'île de Yakoumosima, jusqu'au détroit de La Pérouse sur 15 degrés de latitude nord. L'empire japonais entier, depuis le sud du groupe Liou-Tshou, jusqu'au nord des Kouriles méridionales, présente une superficie évaluée à 190,000 kilomètres carrés, et se prolonge sur vingt-cinq degrés de latitude. Noter ce fait, c'est noter des différences de climats et comme conséquence une diversité de productions naturelles.

L'aspect du sol est essentiellement plutonique. La nature est accidentée, et l'eau, qui circule partout en abondance, aide à la fertilisation d'une terre pourvue de puissants éléments de production. Dans ce milieu volcanique il n'y a pas lieu de s'étonner des gisements considérables de soufre que l'on rencontre au Japon. L'or y est très-abondant, et si l'on en croit ce que disent à cet égard les indigènes, aucun pays au monde n'en posséderait autant. Ce dire n'est, du reste, pas invraisemblable; l'on peut facilement y ajouter foi, en se rappelant que l'or ne valait, pour les Japonais, avant l'action de l'influence étrangère, que quatre fois son poids d'argent. Ce dernier métal se rencontre également en de très-riches minerais. Le gouvernement japonais a, dit-on, le monopole des mines d'or, d'argent et de cuivre. Loin d'encourager l'exploitation de ces métaux, il craint une trop grande production et semble considérer les gisements de métaux précieux comme une réserve à laquelle il n'est permis de toucher qu'au fur et à mesure des besoins; le contact européen suffira pour convertir les Japonais à des idées économiques différentes. On sait que la plus grande partie des bénéfices que faisaient les Hollandais relégués à Décima étaient réalisés sur l'exportation du cuivre dont le Japon possède de grandes quantités. On y trouve du plomb, du charbon de terre. du fer en abondance. Enfin d'après tous les renseignements que l'on peut recueillir, il paraît que le Japon est un pays exceptionnel sous le rapport du nombre et de la richesse de ses mines. Du sein d'une terre aussi abondamment minéralisée, s'élèvent des eaux chaudes et froides, chargées de principes divers dont les vertus curatives sont employées au Japon sous forme de bains et de boissons. Les entrailles de la terre japonaise recèlent encore un autre genre de richesse, car on y trouve de magnifiques pierres de construction, que les habitants n'osent guère employer par crainte des tremblements de terre, mais dont une science plus parfaite pourrait certainement tirer parti, même dans ces circonstances défavorables. Si les Japonais ont besoin d'ingénieurs et de professeurs en architecture, il n'en est pas ainsi vis-à-vis du kaolin, de la précieuse terre à porcelaine, qu'ils savent employer d'une façon remarquable. On trouve encore au Japon du cristal de roche, du jaspe et des agates. Il est très-probable qu'une étude scientifique de la minéralogie de ce pays mettrait au jour bien des corps utiles que les Japonais ne savent pas isoler.

En tout cas, la part est belle; les divinités
ténébreuses semblent avoir entassé pour les fils
du Soleil Naissant, leurs principales richesses, et
si nous quittons leur empire pour rechercher
dans les profondeurs des mers quels trésors
recèlent ses eaux, nous verrons la perle, le co-
rail, l'ambre gris, une grande quantité de pois-
sons délicats, la baleine dans le nord. Ces der-
nières richesses sont d'une importance majeure
au Japon, car les Japonais, comme les autres
peuples de l'extrême Orient, se nourrissent
presque exclusivement de poisson et de riz.

Le sol japonais est aussi prodigue de trésors
que les entrailles de la terre et les profondeurs
des eaux. La principale production est le riz,
dont la culture donne à la campagne un aspect
particulier par la multitude de canaux qui divisent le terrain. L'exportation de cette denrée
est prohibée, pour en conserver la valeur accessible aux basses classes. Une autre source de
richesse réside dans la culture de la soie, et
dans la soie produite, on trouve, au dire des
experts, une qualité qui est la plus belle de

l'Orient. Parmi les principales autres productions végétales on remarque le thé, le coton, le
camphre, le tabac, la cire végétale, la noix de
galle, et le sucre dans le sud. Les thés japonais
sont naturels ; c'est pourquoi les négociants
étrangers les expédient d'abord en Chine, pour
y recevoir les préparations que les Chinois font
subir à leurs thés et auxquelles les consomma-
teurs européens sont habitués.

Les Japonais apportent à la culture un tel
soin et une telle intelligence, qu'ils provoquent
même l'admiration des Chinois passés maîtres
en ce travail. Ils connaissent bien l'emploi des
engrais, et sont jardiniers aussi habiles qu'agriculteurs intelligents. Le jardinage de luxe est
chez eux en grande estime ; les fleurs et les
arbustes rares sont l'objet d'un commerce intérieur. Au milieu d'une population aussi dense
que l'est celle qui habite ce pays, chaque coin de
terre doit produire une utilité, ou pour le moins
un agrément. Tout site accessible à l'homme y
est, dit-on, l'objet d'un travail actif; ce que j'ai
pu voir par moi-même me le fait aisément croire.

Envisagés comme industriels, les Japonais apportent à leurs travaux le soin et l'intelligence qui font partie de leur nature. Ils possèdent quelques spécialités dont les produits sont remarquables. Leurs objets de laque sont de toute beauté et supérieurs à tout ce qui est fait en ce genre. Leurs tissus de soie ne valent peut-être pas les produits similaires de la Chine, mais les porcelaines japonaises peuvent soutenir toute comparaison par la finesse de la pâte, l'élégance des formes, l'éclat des couleurs et l'harmonie des dessins. Les Japonais sont de véritables artistes en bronze, qu'ils savent ciseler avec une perfection et une patience incroyables. Ils manient, en général, parfaitement les métaux; et leurs sabres, quoique lourds, sont remarquables par la dureté de l'acier, la finesse du poli, le tranchant de la lame, et le travail artistique de la poignée et du fourreau. Ce goût, qui se fait également sentir dans leur talent d'émailleur, accuse chez les Japonais des besoins de civilisation élégante en contraste avec la simplicité réelle de leurs mœurs. Ceci n'est pas un

des côtés les moins intéressants du caractère
japonais qui trouvera, dans les relations étrangères, l'occasion de s'affirmer définitivement
dans sa voie spéciale de civilisation, comme individu et comme société.

Ce qui précède indique brièvement les prin-
cipaux produits que nous pouvons demander aux
Japonais; par contre nous en avons plusieurs à
leur fournir. Parmi ces derniers, quelques-uns
nous sont spéciaux, mais la plupart, sans nous
être particuliers, sont obtenus dans notre civilisation à un prix contre lequel les Japonais ne
peuvent lutter. Dans cette classe, dont les articles s'adressent aux nécessités les plus usuelles
de la vie rentrent les tissus de laine et de coton,
les camelots, quelques soieries, satins et velours,
qui sont réalisés à des prix avantageux pour les
vendeurs européens comme pour les acheteurs
indigènes. Nos étoffes chaudes de laine et de velours communs présentent encore aux habitants
du Japon une spécialité d'usage et d'économie
qu'ils ne peuvent remplacer; car leur industrie
ne leur fournit, pour s'abriter contre le froid,

que des vêtements légers qu'ils multiplient sur eux, ou des étoffes ouatées qui leur reviennent plus cher et leur durent moins longtemps. Ces articles trouvent ainsi au Japon un débouché dont l'importance deviendra chaque jour plus grande par suite des habitudes contractées et de l'usage qui se propage, sous l'impulsion des avantages réalisés. Les articles de mercerie, le fil, les aiguilles, les boutons, dont les Japonais ignoraient l'usage, les objets de fabrique connus sous le nom d'article de Paris, les cuirs travaillés entrent aussi dans la consommation ordinaire, ainsi que les glaces, les vitres, les verreries. Le commerce étranger fournit encore au Japon des médicaments, des produits chimiques et pharmaceutiques, des matières colorantes pour la teinturerie, des instruments de science et de précision, des instruments de chirurgie, ainsi que des livres scientifiques, des armes, de la coutellerie et de la quincaillerie. L'horlogerie donne lieu au Japon à un commerce très-actif entre les indigènes et les Européens. Dans les produits d'un autre genre, se trouvent l'eau-de-

vie, les vins doux, les liqueurs sucrées, le vin de
Champagne, d'un intérêt tout français, les huiles,
les épices, les ginsang et les drogues asiatiques,
qui, sans provenir d'Europe, peuvent intéresser
la navigation européenne, de même que tous
ces produits alimentaires dont les Chinois sont
friands et que les Japonais recherchent également; ce sont surtout : le poisson sec, les hui-
tres salées, les herbes marines, les champignons,
les pois, la colle de poisson, les ailerons de
requins, les nids de salanganes, les holothu-
ries, etc.

Ces principales indications suffisent pour
montrer l'importance des échanges qui intéressent l'industrie, le commerce et la navigation. Si les métaux précieux, qui forment l'une
des principales richesses du Japon, ne sont pas,
aujourd'hui, rangés parmi les objets d'échange,
ce résultat des restrictions imposées par le gouvernement, dans la crainte de voir son pays
inondé d'une trop grande masse de numéraire,
devra changer à la suite de l'impulsion nouvelle
de production et d'écoulement provoqués par les

étrangers. Les Japonais s'apercevront qu'il y a, en définitive, profit à livrer une marchandise qui leur coûte moins qu'aux autres peuples, et dont ils sont abondamment pourvus. Mais pour en arriver à ce but, il faut activer l'importation de nos produits et de nos services, rendre ainsi le travail des mines nécessaire pour solder les achats. Ce résultat sera précieux, vis-à-vis de l'état actuel du commerce européen avec les Indes orientales et la Chine.

Le mouvement du commerce extérieur au Japon n'a pas encore pris les allures franches d'intérêts particuliers libres dans leur expression. Ce mouvement accusé officiellement pour l'année 1862 représente 52 millions de francs, dont 37 appartiennent à l'exportation. Ces chiffres sont rendus douteux par une contradiction que les documents officiels constatent sans explication; car après avoir, dans le tableau général, indiqué l'exportation des soies écrues pour une valeur de 32,528,000 francs, ils notent 20,000 balles de soie à 2,500 francs en moyenne, exportées dans cette même année, ce qui représente pour l'exportation seule de la soie une valeur de 50 millions. Le thé est, après la soie, l'article le plus important; il se trouve à l'exportation pour un total de 3,402,000 francs.

L'importation est principalement représentée par 7 millions d'étain et de plomb, et 6 millions de camelots, toiles, cotonnades et cotons en écheveaux.

La France n'entre dans ce commerce que pour 703,000 fr. à l'importation et 1,569,000 fr. à l'exportation. La plus grande part appartient à l'Angleterre, pour une valeur totale de 37,620,000 francs. Ces chiffres sont faibles, vis-à-vis d'une terre qui donne tant d'espérances. Mais il faut remarquer qu'il y a progrès constant depuis le début commercial; en 1863 le commerce extérieur a été de 88 millions dont 63 d'exportation et 24 d'importation. Le Japon ne pourra d'ailleurs réaliser les espérances conçues que le jour où les intérêts privés seront seuls en présence.

D'après le traité de paix, d'amitié et de commerce signé à Yedo le 9 octobre 1858, entre la

France et le Japon, les villes et ports de Hakodadi, Kanagaoua et Nangasaki devaient être ouverts au commerce et à la résidence des Français, à dater du 15 août 1859. Ensuite devait
être faite l'ouverture de quatre autres ports et
villes à des époques déterminées : le 1er janvier 1860 était fixé pour l'ouverture de Nigata,
ou d'un autre port sur la côte ouest de Nippoune, dans le cas où cette ville n'aurait pas un
port reconnu d'accès convenable. L'ouverture
de Yedo était marquée au 1er janvier 1862, et
enfin Shiogo et Osaka le 1er janvier 1863. Dès le
principe, Kanagaoua fut échangé contre Yokohama, placé à côté sur la même baie, et dont les
navires peuvent approcher davantage. Le port
de Nigata fut déclaré impraticable ; mais nous
voici en l'an 1865, et nous en sommes encore
réduits aux trois villes de Nangasaki, Yokohama
et Hakodadi. De ces trois points, Yokohama
forme la station la plus importante, et c'est là
que se concentrent presque toutes les affaires.
On pourrait supposer que le mouvement
commercial serait plus important, si les quatre

ports qui devraient être ouverts l'étaient en
effet. Mais, serait-il réellement de notre intérêt,
en admettant de notre côté le droit d'exiger
l'ouverture de ces ports, de poursuivre violem-
ment l'exécution des engagements, au lieu d'en
rechercher la réalisation par l'habitude des rapports bienveillants et avantageux pour les deux
partis? Tout ce qui précède vient aboutir ici
pour répondre à cette interrogation. Je ne
m'arrêterai pas sur la question de droit, car
dans la lettre du traité est exprimé un engagement formel qui lie le gouvernement japonais,
je ferai simplement remarquer que cet engagement se complique de circonstances qui lui en-
lèvent son caractère absolu. En effet, c'est la
présence des étrangers, qui elle-même a amené
les complications qui momentanément entra-
vent le gouvernement dans la réalisation de ses
promesses. Nous ne pouvons donc pas nous
montrer par trop sévères pour un état de choses
dont nous sommes nous-mêmes la cause; surtout si nous nous rappelons la manière dont a
été posée le principe de l'admission étrangère

en présence de la flotte et des canons du com-
modore Perry. Une seule raison pourrait nous
permettre de poser notre droit dans toute sa
rigueur, ce serait la mauvaise foi du gouvernement taïkounal. Sur ce point, nous sommes suffisamment édifiés par la connaissance des
pouvoirs publics au Japon, par l'intérêt même
du taïkoune et par la franchise de plusieurs
actes importants de son gouvernement. Cette
franchise se montre dans la communication qui
fut faite par les ministres de Yedo d'un décret
d'expulsion lancé par le mikado contre les étrangers et notifié à la cour de Yedo, qui, tout en
protestant, faisait, dans une démarche pénible,
l'aveu de son rôle secondaire. Cette même netteté d'action se retrouve dans l'initiative que
prit le gouvernement taïkounal de faire retirer
au mikado son décret, ce qui eut lieu à la suite
d'une grande assemblée de la noblesse réunie
en octobre 1863 à Osaka. Enfin le fait le plus
significatif se passa, ce printemps dernier, à
Paris, où les ambassadeurs japonais engagèrent
le taïkoune avec l'Europe contre un prince ja-

ponais. Cet engagement fut en effet exécuté dans la part que prit la cour de Yedo à la démonstration alliée contre le prince de Nagato.

De ces considérations, il résulte que nous n'avons certainement pas le droit de nous montrer violents dans la revendication absolue des priviléges que nous concèdent les traités. En admettant même que notre droit fût absolu et hors de toute discussion, notre intérêt particulier nous conseillerait encore, pour conquérir et étendre notre position, de n'user que de persuasion vis-à-vis du peuple et de Yedo, et de n'user de rigueur que d'accord avec le taïkoune. Ce résultat reste le même, quelles que soient nos préoccupations de conquête ou de sympathie. Que nous envisagions l'intérêt colonial au point de vue de la supériorité de race qui procède par substitution, ou bien, au contraire, sous le rapport des relations sympathiques qui procèdent par union, cet intérêt nous dictera toujours la même conduite d'échanges, de services et d'alliance taïkounale. En parlant de l'intérêt colonial dirigé par l'esprit de conquête, il ne s'agit évidemment pas ici d'un refoulement immédiat et complet, mais comme un caractère se retrouve dans chaque détail d'une action qui émane de lui, il n'est pas hors de propos de l'envisager franchement et dans son entière expression. Sous ce rapport nous dirions que le système de substitution réalise un intérêt plus immédiat, mais que son triomphe complet serait un malheur par l'immobilité et la désorganisation qu'amènerait l'expansion exclusive d'une seule tendance; les peuples ont chacun leur aptitude spéciale, et de cette diversité d'aptitude, aussi nécessaire à l'harmonie sociale que la diversité des couleurs à l'harmonie de la lumière, naît le mouvement qui conduit au progrès. Du reste, quoi qu'il en soit des conséquences, le fait ne pourrait, dans notre intérêt, se produire, même partiellement, à cause de l'éloignement de cette nation, du nombre de sa population, et enfin du courage et de l'intelligence qui distinguent le peuple japonais.

Toute violence qui pourrait réunir la nation entière contre l'étranger ne trouverait donc pas

de compensation, même au point de vue d'enva-
hissement. Le système opposé qui cherche l'expansion en conservant et développant le génie
spécial de chaque peuple, ne trouverait, à plus
forte raison, aucune satisfaction possible dans la
voie de lutte. La politique proposée est ainsi la
seule possible, et c'est à son abri que nous devons rechercher notre intérêt avec et dans l'intérêt japonais. Notre but doit être d'aider au
développement naturel de ce peuple, dans son
génie spécial, et de retrouver chez lui de nouveaux éléments d'activité pour nous-même. Sa
situation empêche toute jalousie de notre part;
il nous est donc facile de rester dans les limites
tracées par la raison. Le moyen sera l'alliance
avec le taïkoune, et l'emploi de la force d'accord seulement avec les actes de son gouvernement. Il a tout intérêt à se mettre à la tête d'un
mouvement dont la conséquence sera pour lui-
même une augmentation de puissance, qui le
rendra l'arbitre souverain du Japon. L'indéci-
sion de notre politique peut seule le faire hé-
siter.

A l'abri de l'alliance taïkounale, les intérêts pourront se rapprocher et s'étendre ; les rapports commerciaux amèneront des rapports industriels avec le magnifique horizon des richesses minéralogiques et agricoles ; deux civilisations pourront alors, à travers les mers immenses et des peuples engourdis, se donner la main avec confiance, et se prêter un mutuel concours dans le développement de leurs sociétés.

FIN.

TABLE.